Nosso Lar
PARA CRIANÇAS

ADEILSON SALLES

Nosso Lar
para crianças

ilustrações
Luciano Félix
Téo Pinheiro

FEB

Copyright © 2013 by
FEDERAÇÃO ESPÍRITA BRASILEIRA – FEB

1ª edição – 10ª impressão – 1 mil exemplares – 7/2025

ISBN 978-65-5570-045-9

Todos os direitos reservados. Nenhuma parte desta publicação pode ser reproduzida, armazenada ou transmitida, total ou parcialmente, por quaisquer métodos ou processos, sem autorização do detentor do *copyright*.

FEDERAÇÃO ESPÍRITA BRASILEIRA – FEB
SGAN 603 – Conjunto F – Avenida L2 Norte
70830-106 – Brasília (DF) – Brasil
www.febeditora.com.br
editorial@febnet.org.br
+55 61 2101 6161

Pedidos de livros à FEB
Comercial
Tel.: (61) 2101 6161 – comercial@febnet.org.br

Adquirindo esta obra, você está colaborando com as ações de assistência e promoção social da FEB e com o Movimento Espírita na divulgação do Evangelho de Jesus à luz do Espiritismo.

Dados Internacionais de Catalogação na Publicação (CIP)
(Federação Espírita Brasileira – Biblioteca de Obras Raras)

S168n   Salles, Adeilson Silva, 1959–

          Nosso Lar para crianças / Adeilson Salles; [Ilustrações] Cícero Teodósio Pinheiro e Luciano Félix. – 1. ed. – 10. imp. – Brasília: FEB, 2025.

          48 p.; 23 cm

          Adaptação ao público infantil da obra *Nosso Lar*, de autoria do Espírito André Luiz, psicografada por Francisco Cândido Xavier.

          ISBN 978-65-5570-045-9

          1. Luiz, André (Espírito). 2. Nosso Lar. 3. Literatura infantojuvenil. I. Federação Espírita Brasileira. II. Título.

CDD 133.9
CDU 133.7
CDE 81.00.00

Este livro representa uma adaptação, ao público infantil, da obra *Nosso lar*, de autoria do Espírito André Luiz, psicografada por Francisco Cândido Xavier. A adaptação procurou respeitar a sequência narrativa dos fatos, tais como se apresentam na obra original, procedendo-se à adequação da linguagem e à seleção de algumas passagens que expressam a vida no Mundo Espiritual, de modo a favorecer uma melhor compreensão da mensagem pelos leitores mirins.

Todos nós pintamos e desenhamos a nossa vida com o lápis de cor das atitudes.

Quando nossas ações são boas, os desenhos ficam coloridos e bonitos, e os dias, mais felizes.

Quando decidimos escurecer o céu da nossa vida com escolhas erradas, leva muito tempo para apagar e colorir novamente os nossos dias.

Por isso é importante carregar dentro do coração a borracha do perdão e o lápis de cor do amor.

Como somos aprendizes na escola da existência, às vezes demoramos muito tempo para aprender a colorir os nossos dias.

Uma existência – um traço na imensa obra de desenhar e colorir a vida.

Um corpo físico – uniforme escolar do Espírito.

Um século – uma aula no ano letivo do Espírito imortal.

Um dever – mais uma lição na escola da vida.

Um triunfo – uma boa nota nas provas da vida.

Uma morte – uma mudança de endereço.

Quero contar uma história que começa com um céu escuro, em um lugar sem cor alguma.

Era uma vez um médico chamado André Luiz, que vivia aqui na Terra pintando a vida com o lápis escuro da ilusão.

Ele tinha uma esposa dedicada chamada Zélia e três filhos muito queridos, duas meninas e um menino.

Durante sua vida, ele usou por muito tempo o lápis cinzento do egoísmo, dos vícios, então seu corpo foi perdendo a cor de uma vida feliz.

Seu coração e sua mente escureceram e seu corpo adoeceu.

Até que um dia o corpo dele não resistiu, e a morte transferiu-o para o Mundo Espiritual.

Morrer é deixar o corpo de carne aqui na Terra e prosseguir aprendendo.

Quando erramos repetidas vezes, leva muito tempo para sumir da nossa consciência a marca dos enganos cometidos.

André Luiz ficou sem entender e sem aceitar sua partida para o Mundo Espiritual.

As escolhas erradas que ele fez durante sua vida na Terra o faziam sofrer.

Ele ficou oito anos perdido e confuso, perseguido por Espíritos rebeldes. Oito longos anos sentindo-se sem família, sem amigos, sem amor e angustiado. Oito anos!...

O tempo foi passando e ele foi sofrendo. Sentia fome e frio, saudades da esposa e dos filhos que havia deixado no mundo material.

Até que um dia ele começou a pensar:

"Deve existir um ser que criou todo o Universo, que gerou toda a criação, todos os seres".

E, chorando muito, fez uma prece pedindo que o "Ser Criador" o tirasse daquele lugar de céu escuro e sem cor.

Quando a gente faz uma prece com amor, uma luz colorida, um sentimento de paz envolve o nosso coração e vai ao encontro de outros corações iluminados.

E foi assim que André Luiz viu chegarem até ele alguns amigos espirituais, que vinham retirá-lo daquele mundo cinzento e triste para a colônia espiritual Nosso Lar

Muito fraco e enfermo, foi conduzido em uma maca por enfermeiros, entre os quais havia um homem muito amoroso chamado Clarêncio.

Eles partiram em direção a Nosso Lar e, depois de algum tempo, ao chegarem diante da colônia, André Luiz emocionou-se e sentiu-se agradecido pela ajuda recebida.

*****

André foi levado para um local apropriado para receber tratamento.

Os enfermeiros então lhe disseram:

— Vamos agora para o momento de oração...

André Luiz, curioso, lhes pediu:

— Posso acompanhá-los?

Os enfermeiros se entreolharam e, com carinho, aceitaram que ele os acompanhasse.

Apoiando-se no braço do enfermeiro, André Luiz sentiu-se emocionado, pois presenciou uma cena de muita beleza.

Uma música muito bonita envolvia o ambiente, pois todos os corações da colônia espiritual Nosso Lar se uniam naquela hora, ao pôr do sol, para agradecer a Deus pela bênção da vida.

Dos corações reunidos, fluíam luzes coloridas que se uniam em benefício de todos.

Foram momentos inesquecíveis para o coração do recém-chegado.

Na manhã seguinte...

Ao despertar, André deparou-se com um jovem que o assistia com muito carinho e atenção.

— Bom dia, André. Meu nome é Lísias!

Sentindo no novo amigo a possibilidade de desabafar e de ter sua curiosidade atendida, começou a queixar-se das dificuldades e a falar da saudade que sentia da família que havia ficado na Terra. Queria notícias.

Mas as surpresas para ele estavam apenas começando.

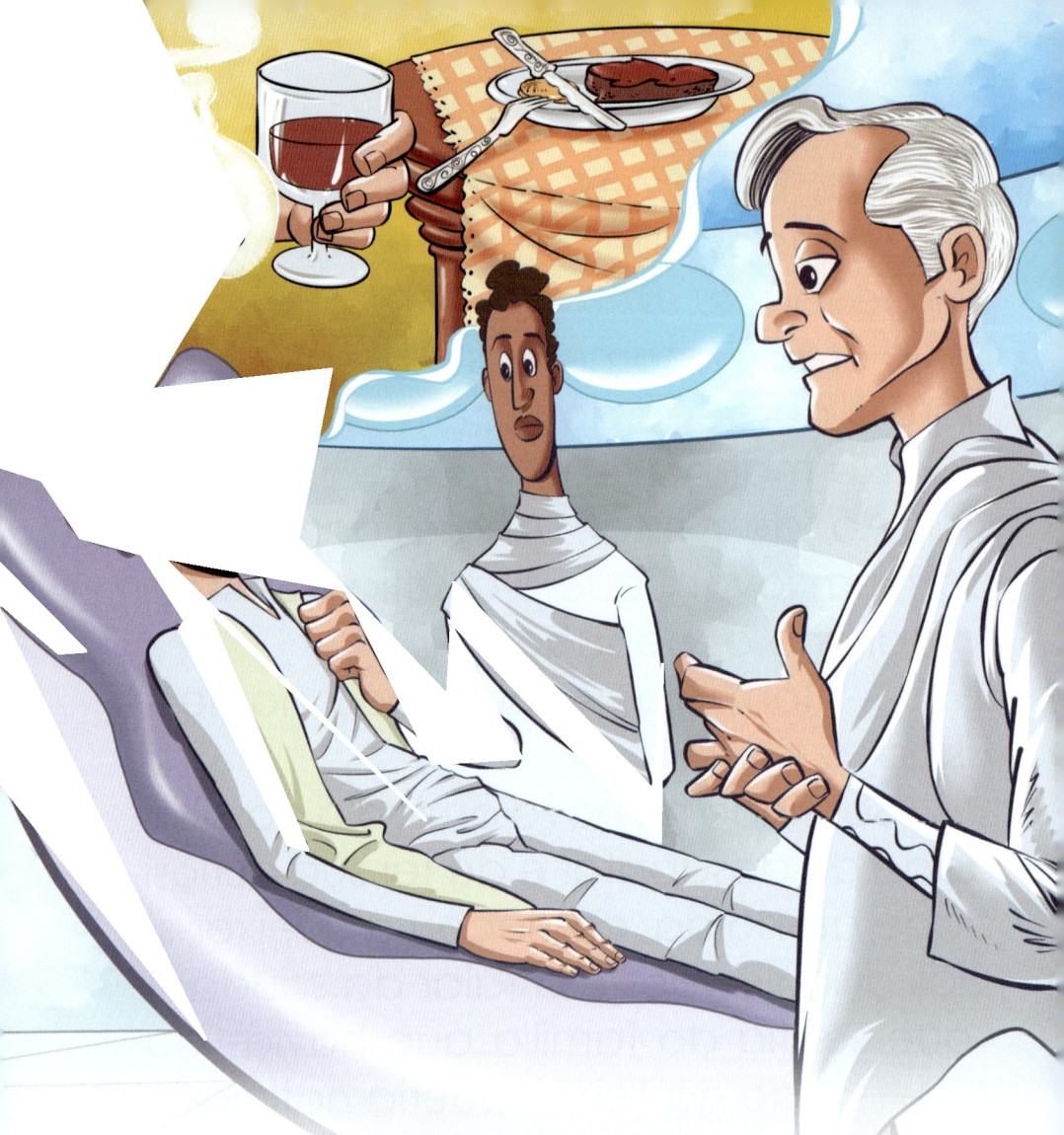

No quarto, a porta se abriu e Clarêncio entrou acompanhado de outra pessoa.

Era o médico Henrique de Luna, que viera visitá-lo e examiná-lo.

Após os cumprimentos, o médico iniciou os exames e, passados alguns instantes, disse:

— É lamentável que você tenha se transferido do mundo material para cá por causa de abusos durante a sua vida física. Foram esses abusos que destruíram seu corpo!

— Como assim, doutor? — André falou sem concordar.

— Seu corpo morreu porque foi desrespeitado. Como médico que você foi, na Terra, sabe perfeitamente que o corpo precisa ser cuidado. Não podemos maltratá-lo com vícios, abusos com alimentação e outras coisas mais. Até mesmo os pensamentos ruins, ao longo dos anos, vão desgastando o corpo físico.

André entristeceu-se e recordou de sua passagem pelo mundo e das ações erradas que escolheu sozinho.

Reclamou e pediu notícias da família.

— Calma, André! — solicitou Clarêncio — É justo que você queira notícias da sua família, mas você receberá as informações no tempo certo.

Tratado com carinho e amor por Lísias e outros assistentes, calou, por um tempo, suas queixas.

Certo dia, já fortalecido, recebeu convite de Lísias para conhecer a colônia espiritual Nosso Lar.

Curioso como uma criança diante de um presente de aniversário, perguntou:

— Lísias, que lugar é esse, que se parece tanto com a Terra?

— André, é a Terra que se parece com Nosso Lar. O mundo material é uma cópia imperfeita do Mundo Espiritual. Vamos passear por Nosso Lar.

— Lísias, a morte não existe! — afirmou com convicção — Já que somos transferidos de dimensão quando desencarnamos, eu quero saber notícias da minha mãe, que desencarnou alguns anos antes de mim. Vou poder encontrá-la?

— No tempo certo, André, no tempo certo! — Lísias respondeu com carinho.

Nesse instante, um veículo diferente parou próximo a eles e Lísias falou:

— Venha, André, vamos de aeróbus![1]

André estranhou o veículo, mas sentou se curioso e feliz, como as crianças se sentem ante as coisas simples da vida.

O aeróbus decolou e iniciou a viagem por Nosso Lar. Lísias foi explicando

---
1 N.E.: Espécie de carro aéreo.

tudo, falou de todos os ministérios da colônia, das Câmaras de Retificação, para onde Espíritos recém-chegados em estado muito delicado são enviados para adaptação e tratamento.

Ele se surpreendia com a organização de tudo e com o prédio da Governadoria. Eram 72 ministros, comandados pelo governador da colônia.

André Luiz estava maravilhado com tudo que seus olhos viam e emocionado pelas vibrações que sentia.

— André — falou Lísias —, aqui em Nosso Lar, precisamos nos dedicar e nos colocar na posição de aprendizes, verdadeiramente, pois nada fica escondido. Precisamos ter muita humildade e boa vontade para cada aprendizado.

— Lísias, estou surpreso com tudo o que vejo, mas meu coração se encontra apertado pela saudade da família que deixei na Terra. Preciso ter notícias deles.

— Vá falar com Clarêncio, peça conselhos, ele poderá auxiliá-lo.

Maravilhado e feliz, na primeira oportunidade, André dirigiu-se ao prédio onde o ministro atendia.

Lá chegando, surpreendeu-se com o número de Espíritos que aguardavam para falar com o ministro.

Sentiu-se incomodado e acreditava que, por ter sido médico na Terra, deveria ter privilégios.

Foi orientado a aguardar, pois ali todos deviam esperar por sua vez no atendimento.

Como o número de Espíritos que desejavam falar com o ministro era enorme, fazia-se o atendimento de dois a dois.

Sem ter o que fazer, mesmo contra a vontade, ele aguardou.

Bastante tempo depois...

Ele sentou-se diante de Clarêncio, juntamente com outra assistida de Nosso Lar, que seria atendida primeiramente pela ordem de chegada.

Depois das boas-vindas dadas por Clarêncio, ela iniciou:

— Clarêncio, venho pedir vossa ajuda para voltar a reencarnar na Terra. Desejo auxiliar meus dois filhos que ainda estão encarnados lá.

Tomei conhecimento que ambos se encontram com muita dificuldade e sobrecarregados com os problemas que estão enfrentando. Não conseguem superar as lutas no mundo.

Clarêncio ouvia tudo com profundo respeito, e ela continuou:

— Quero pedir uma nova oportunidade para voltar à Terra e auxiliar meus filhinhos.

— A senhora deseja reencarnar para ajudar seus filhinhos. Quer um novo corpo para renascer?

— Sim, senhor ministro, desejo reencarnar!

André ouvia tudo com atenção, e Clarêncio esclareceu:

— Quais são suas conquistas realizadas pelo trabalho aqui em Nosso Lar? A senhora pode me apresentar suas realizações em serviço de auxílio na colônia?

Sem graça, ela disse:

— Não tenho obtido muitas conquistas. Para dizer a verdade, não me adapto muito ao serviço!

Envergonhado pelo que via diante dos seus olhos, André não sabia o que dizer, pois sequer havia realizado algo em Nosso Lar.

— Mas, se a senhora reconhece que é uma pessoa que ainda não trabalhou nem aprendeu o suficiente, como poderá voltar a reencarnar? Se voltar à Terra nessas condições, irá perder mais uma oportunidade.

Sem palavras para convencer Clarêncio, ela se retirou envergonhada.

Clarêncio olhou para André e disse com carinho:

— Pronto para ouvi-lo, André!

Diante da situação, André, sensibilizado, respondeu:

— Caro Clarêncio, venho pedir a minha integração aos serviços e aprendizados em Nosso Lar.

Clarêncio sorriu e disse:

— É importante que iniciemos os nossos esforços pelas tarefas mais simples, por isso, seu título de médico na Terra não garante que você seja um colaborador nessa área. Aqui você precisará passar por um processo inicial.

Clarêncio aconselhou André carinhosamente por algum tempo, que, muito interessado, ouvia com atenção.

Depois dos esclarecimentos, André animou-se e percebeu que apenas dedicando-se ao trabalho de auxílio a outros Espíritos é que iria conseguir realizar o desejo de visitar a sua família.

Dali em diante, ele procurou dedicar-se com amor às tarefas oferecidas em Nosso Lar. Humildade, cooperação, respeito, paciência eram as lições a aprender e praticar.

Auxiliou na limpeza das Câmaras de Retificação, onde muitos Espíritos que desencarnavam eram internados para tratamento.

Aprendia e trabalhava.

Até que um dia foi chamado à sala do ministro Clarêncio e experimentou a primeira alegria, resultado de sua dedicação.

Ao olhar para o lado, deparou-se com a presença emocionante de sua mãe, que vinha de uma esfera superior visitá-lo.

Ele não conseguia pronunciar uma palavra, pois a emoção o impedia.

Ela estava belíssima, refletindo uma luz amorosa que tocava o coração de André.

Abraçaram-se e as lágrimas falaram por eles.

Como uma criança no colo materno, André se aconchegava no abraço da mãe, a buscar o ninho de amor que só os braços maternais podem oferecer.

E, depois das primeiras palavras, eles conversaram. Ele então perguntou sobre o pai e foi informado que este se encontrava em outro local de experiência e aprendizado.

E, depois das conversas e troca de palavras, na hora da despedida, ela disse ao filho:

— Mesmo eu estando em outro local, estamos sempre juntos pelo sentimento de amor e pelos pensamentos. Se precisar de mim, basta pensar!

Tomado de grande emoção, ele a viu partir.

Depois do período de trabalho nas Câmaras de Retificação, André iria prosseguir com seu aprendizado em Nosso Lar morando na casa de Lísias.

E assim aconteceu, em uma bela tarde...

— Mamãe, aqui está o amigo que veio ficar conosco!

— Seja bem-vindo, André!

—Obrigado, dona Laura!

Recebido com profunda manifestação de carinho, André sentiu-se acolhido naquele lar amoroso.

E os dias correram...

Certa ocasião, André estava na aconchegante sala da casa, em companhia de Lísias, e ouviu as notícias vindas da Governadoria da colônia Nosso Lar:

— Infelizmente a Terra passará por tormentas terríveis promovidas pelos homens que insistem em escrever sua história usando o lápis do egoísmo.

Uma nova guerra envolverá todo o planeta. Muitos Espíritos deixarão a vida na carne e retornarão para o Mundo Espiritual.

E aconteceu a terrível situação. Devido à guerra mundial, milhares de pessoas desencarnaram e retornaram para o Mundo Espiritual.

Em outro momento, André presenciou a alarmante informação de que Nosso Lar precisava entrar em estado de alerta, armando suas barreiras de defesa, pois alguns Espíritos rebeldes tentariam atacar a colônia.

— Isso é possível, Lísias?

— Sim, André, infelizmente alguns Espíritos desejam depredar e atacar esta colônia espiritual.

E, aproximando-se do portão de entrada, uma mulher gritava:

— Deixem-me entrar, pelo amor de Deus! Sou necessitada e preciso de ajuda.

Ela pediu de maneira emocionada, mas não foi atendida.

— Ela não vai ser atendida? — André perguntou curioso.

— Ainda não está preparada para receber auxílio. Muitos Espíritos se dizem necessitados, mas, quando recebem ajuda, demonstram sua rebeldia e preguiça. Alguns precisam de mais tempo para aceitar a nova condição. Quando o coração está verdadeiramente pronto, a oportunidade de socorro acontece!

Percebendo que não poderia entrar na colônia, ela se revoltou e começou a dizer palavras agressivas.

Nesse instante, André observou-a com mais atenção e viu algumas manchas no coração dela.

— Mas o que são aquelas manchas em seu coração?

— André, a nossa irmã é um Espírito rebelde, e aquelas manchas em seu corpo espiritual são registros que indicam as ações promovidas por ela contra a vida humana. A nossa irmã vai precisar de muitos e muitos anos para amadurecer, com bases no amor e no perdão.

André ficou pensando em todas as oportunidades que a vida oferece a todos.

*****

O tempo passava e tudo ia muito bem, mas a saudade da família não diminuía.

Em outra ocasião, André encontrou um homem que fora enganado por seu pai, enquanto encarnado na Terra, e sentiu-se envergonhado nesse reencontro.

Mas também encontrou uma senhora que foi beneficiada por sua atenção em consultas que ele realizou sem hora marcada.

E foi essa senhora que, amorosamente, lhe endereçou muitas preces em agradecimento pela ajuda.

Esse acontecimento ficou gravado profundamente no coração de André Luiz.

André percebeu que, no Mundo Espiritual, não havia nada que ficasse escondido. As boas atitudes realizadas com amor traziam grandes benefícios, assim como as escolhas feitas com sentimento de egoísmo traziam grande desconforto e vergonha.

Ele se dedicava com alegria ao trabalho de servir; seu aproveitamento crescia a cada dia.

Certo dia, Laura, a mãe de Lísias, muito feliz, disse a ele:

— André, vou reencarnar! O amor de Deus vai me conceder um novo corpo para que eu possa voltar à vida física!

— Mas que bom ouvir isso, dona Laura! Para ter esse merecimento, o Espírito precisa de muito esforço e dedicação.

— André, não me vejo com tantos méritos, mas devo aproveitar a oportunidade de voltar a viver na Terra. Vou me esforçar para aproveitar mais uma encarnação.

E, no dia certo, Lísias, André e toda a família acompanharam Laura em sua partida para o departamento responsável pelo processo de reencarnação.

A despedida foi emocionante.

André, mergulhado nos estudos e no trabalho, não viu o tempo passar nem as conquistas se acumulando.

Em certa manhã...

— André — falou Clarêncio com carinho —, em breve partirei para algumas atividades de esclarecimento na Terra e creio que você esteja preparado para rever sua família.

Aquela era a melhor notícia que André ouvia nos últimos tempos.

E assim aconteceu...

Clarêncio fez-lhe algumas recomendações, disse que estaria por perto e que ele teria uma semana para visitar o antigo lar na Terra.

Como criança feliz, a caminho das mais puras alegrias, André dirigiu-se à sua antiga casa na Terra.

Finalmente iria rever os filhos queridos e a esposa saudosa.

Chegou à frente da antiga moradia e emocionou-se ao rever a casa que o abrigara por muito tempo.

Entrou na sala e viu a esposa conversando com um homem.

Não conseguiu conter a emoção e a abraçou.

Zélia não notou a presença dele e esse fato o incomodou.

Ouviu a conversa:

— Pois é como lhe falo, dona Zélia, o senhor Ernesto precisa de muitos cuidados, o quadro dele é delicado.

— Sim, doutor! — ela respondeu preocupada.

André se indagou, intimamente, quem seria esse Ernesto, de quem Zélia falava com tanta preocupação e carinho.

Na porta da sala, ela se despediu do médico e depois caminhou até o quarto.

André a seguiu curioso. No momento em que ele entrou, lá estava um estranho homem recebendo de Zélia cuidados e carinho.

André sentiu-se mal e seu coração apertou-se. Sentiu ciúme e raiva.

Novamente o egoísmo envolvia seu coração e ele percebia que sentimentos ruins tomavam conta de seu ser.

Chorou muito e, à medida que chorava, seu coração sentia certo alívio.

Lutava e esforçava-se intimamente para não se deixar levar pelo sentimento de revolta.

Atordoado, afastou-se da casa e ficou a pensar:

"Se fosse Zélia que houvesse desencarnado, eu também teria procurado uma companhia para refazer a vida na Terra. Estou sendo muito egoísta".

E, consciente disso, resolveu voltar à casa e tentar auxiliar Zélia e Ernesto.

Ao adentrar a casa, emocionou-se, pois encontrou a filha mais velha e a mais nova.

— Mamãe, hoje despertei com meu coração muito saudoso da presença de meu pai.

Ao ouvir isso, André se alegrou e aproximou-se da filha, acariciando-a.

E a filha mais nova comentou:

— Desde que ela começou a estudar o Espiritismo, vem falando sempre sobre essas coisas.

E a conversa seguiu entre as duas irmãs.

Zélia retirou-se para o quarto para ver como estava Ernesto.

Preocupou-se, pois a febre dele estava alta.

André, que havia acompanhado Zélia até o quarto, aproximou-se pela primeira vez de Ernesto sem sentir nada que o incomodasse.

Desejando auxiliar, mas sentindo-se ainda inseguro, lembrou-se da lição preciosa ensinada por sua mãe, de que o pensamento é um poderoso meio de comunicação.

Mentalmente pediu ajuda a Narcisa, uma das enfermeiras das Câmaras de Retificação de Nosso Lar.

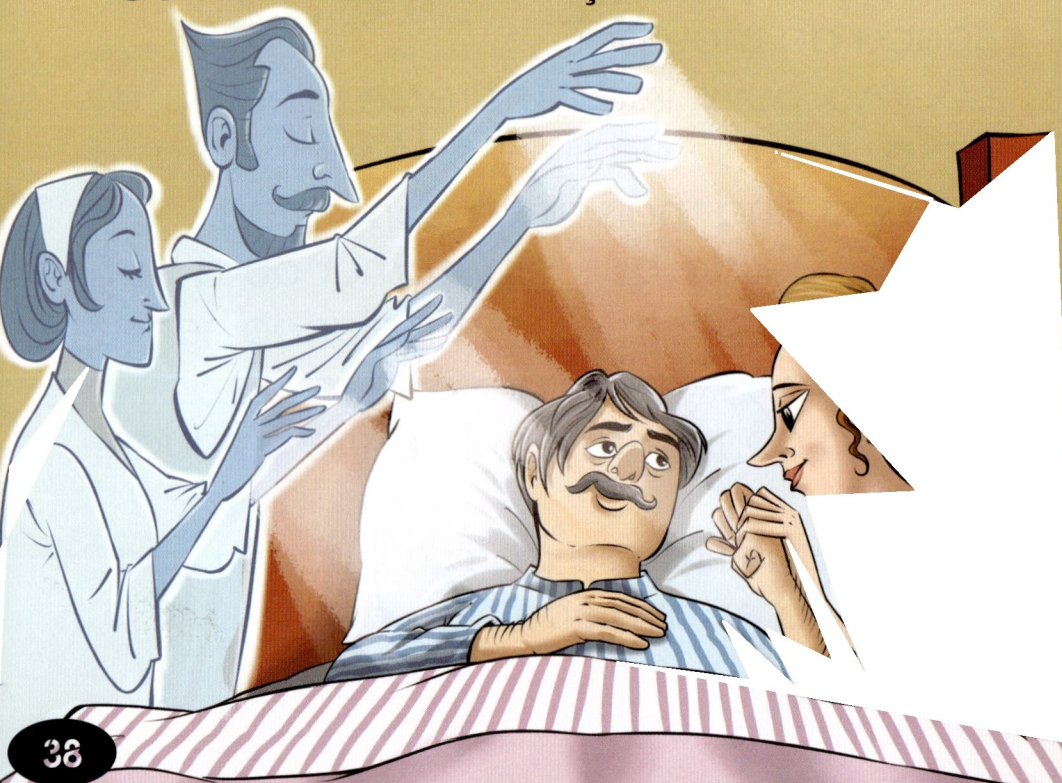

Ficou assim por alguns instantes, com o pensamento direcionado à querida enfermeira.

Sem que se desse conta de quanto tempo permaneceu pedindo ajuda, nem reparou que ela chegou a seu lado.

— Estou aqui, André, captei seu chamado!

Ele explicou tudo a ela, que sorriu e disse:

— Vamos ajudar o Ernesto!

André olhava agora para Zélia não como a esposa que lhe pertencia, mas como uma irmã de caminhada que precisava de ajuda.

Olhou para Ernesto e viu ali um Espírito aprendiz como ele mesmo, precisando de auxílio.

Envolvido em prece sincera, André Luiz iluminava seu mundo íntimo com o desejo de auxiliar. O coração sincero que está aprendendo a amar o semelhante fica iluminado pela prática da caridade e do amor.

Narcisa estava muito feliz por André Luiz, que se superava, conquistando a paz que o trabalho oferecia.

Com a assistência espiritual por meio do passe e da oração, Ernesto apresentou melhoras e sua recuperação não demorou.

Após o atendimento, Narcisa e André Luiz retornaram a Nosso Lar.

André começou a escrever sua história pelo lápis escuro do egoísmo e precisou esforçar-se muito para superar as amargas provas de aprendizado.

Ele seguiu estudando e aprendendo, tornou-se um trabalhador esforçado e consciente da colônia espiritual Nosso Lar.

Todos que tomam conhecimento dessa história recebem a luz do esclarecimento, por intermédio do esforço desse Espírito que trocou o lápis cinzento do egoísmo pelo lápis multicor da caridade e do amor.

Assim como ele, eu e você somos Espíritos imortais, que escolhemos, todos os dias, o que escrever no caderno da nossa vida com o lápis das atitudes.

Se a lição está errada, o trabalho e a caridade, o amor e o perdão podem nos ajudar a escrever uma nova história.

Se o céu está escuro, desenhemos um arco-íris com o lápis do trabalho e da esperança.

Amando e servindo sempre!

Francisco Cândido Xavier

Um dos mais importantes expoentes da cultura brasileira do século XX, Chico Xavier nasceu em 1910 e, aos 5 anos, começou a ver e ouvir os Espíritos, iniciando com eles uma parceria que resultou na publicação de mais de 400 livros.

Esse intenso trabalho foi interrompido apenas em 2002, ano de sua desencarnação, e resultou em um acervo de diversos gêneros literários, como poemas, contos, crônicas, romances, obras de caráter científico, filosófico e religioso, e inspiraram a produção de filmes, peças de teatro, programas e novelas de televisão.

De personalidade bondosa, nosso querido Chico sempre se dedicou ao auxílio aos mais necessitados. O trabalho em benefício do próximo possibilitou--lhe a indicação, por mais de 10 milhões de pessoas, ao Prêmio Nobel da Paz de 1981. No ano de 2012, foi eleito "O maior brasileiro de todos os tempos", em votação realizada pelo canal de TV SBT.

André Luiz

Parceiro frequente do médium Chico Xavier, o Espírito André Luiz descreve-se como um aprendiz, um estudante.

Nosso lar foi o primeiro livro ditado por ele ao amigo Chico, na década de 1940. Esse livro é considerado fundamental no estudo do Mundo Espiritual por apresentar descrições e evidências da vida após a morte.

André Luiz é considerado um dos mais fiéis aos ensinos da Doutrina Espírita e às palavras de Allan Kardec, o Codificador do Espiritismo.

O trabalho de André Luiz no Mundo Espiritual deu origem a várias obras, das quais 27 são publicadas pela FEB, algumas das quais traduzidas para diversos idiomas e adaptadas para o teatro e cinema.

HORA DE *Pintar!*

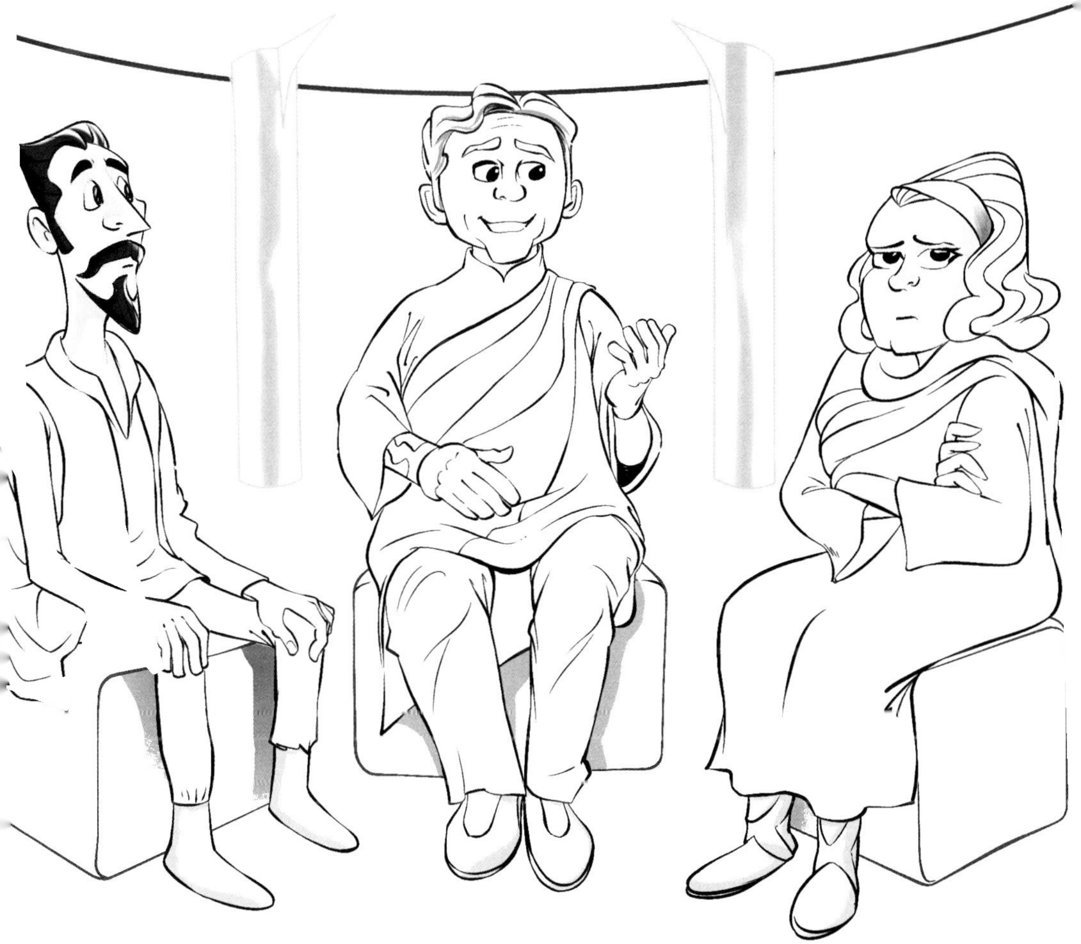

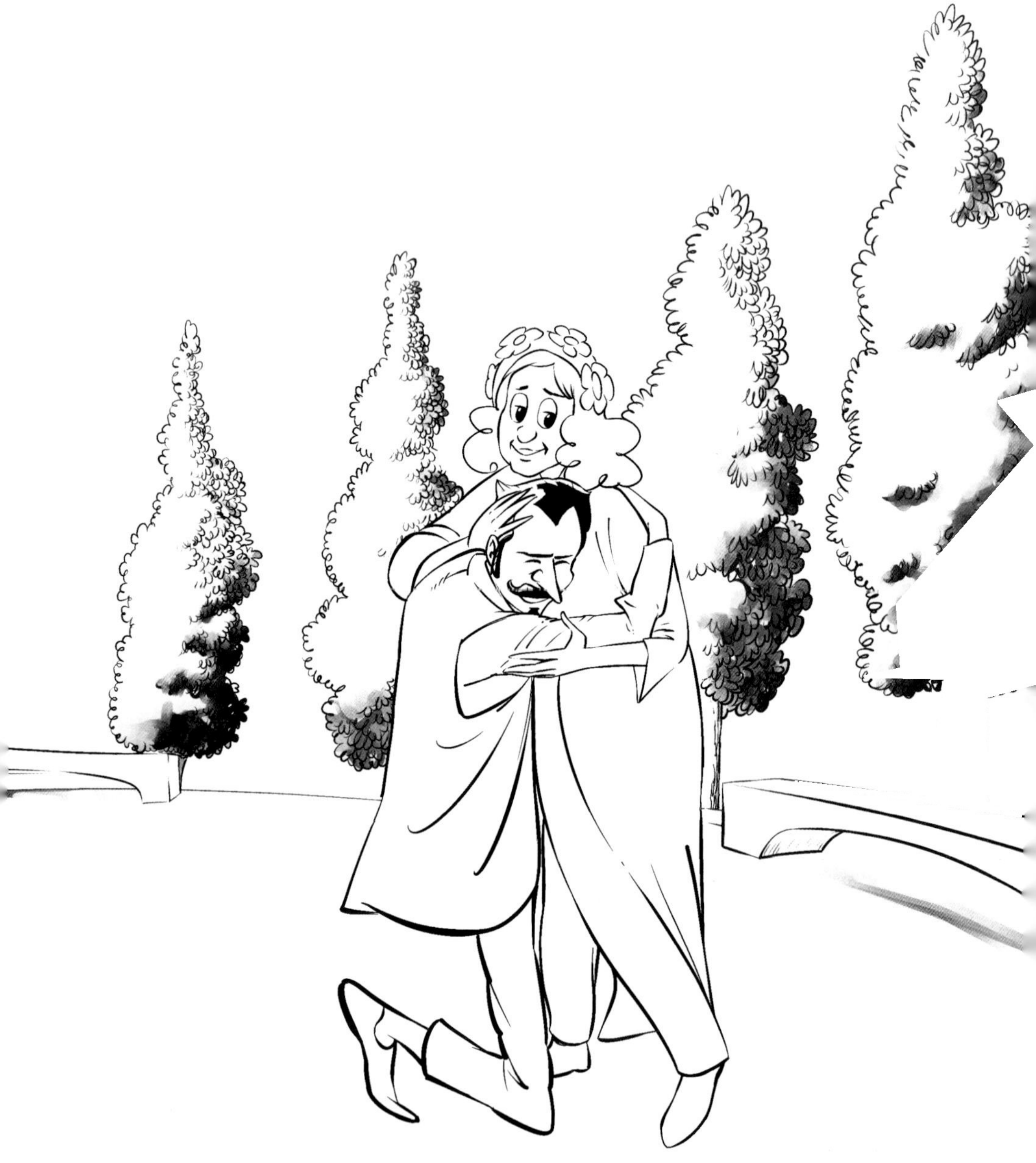

DESENHE
Nosso Lar

FEB editora
Livro espírita para um novo mundo
www.febeditora.com.br
@febeditoraoficial
@febeditora

Conselho Editorial:
Carlos Roberto Campetti
Cirne Ferreira de Araújo
Evandro Noleto Bezerra
Geraldo Campetti Sobrinho – Coord. Editorial
Jorge Godinho Barreto Nery – Presidente
Maria de Lourdes Pereira de Oliveira
Miriam Lúcia Herrera Masotti Dusi

Produção Editorial:
Elizabete de Jesus Moreira

Revisão:
Denise Giusti
Elizabete de Jesus Moreira
Pedro Henrique de Azevedo Silva

Projeto gráfico e Diagramação:
Thiago Pereira Campos

Capa e Ilustrações:
Luciano Félix
Téo Pinheiro

Apoio logístico:
Sávio Souza

Normalização Técnica:
Biblioteca de Obras Raras e Documentos Patrimoniais do Livro

Esta edição foi impressa pela Hellograf Artes Gráficas Eireli, Curitiba, PR, com uma tiragem de 1 mil exemplares, todos em formato fechado de 155x230 mm e com mancha de 120x190 mm. Os papéis utilizados foram o Couche fosco 90 g/m² para o miolo e o Cartão 250 g/m² para a capa. O texto principal foi composto em Century Gothic 18/21,6. Impresso no Brasil. *Presita en Brazilo.*